SÉJOURS DE JEAN II

(1350-1356)

PAR

ERNEST PETIT

MEMBRE NON RÉSIDENT DU COMITÉ

Extrait du *Bulletin historique et philologique*, 1896

PARIS

IMPRIMERIE NATIONALE

M DCCC XCVI

SÉJOURS DE JEAN II

(1350-1356)

PAR

ERNEST PETIT

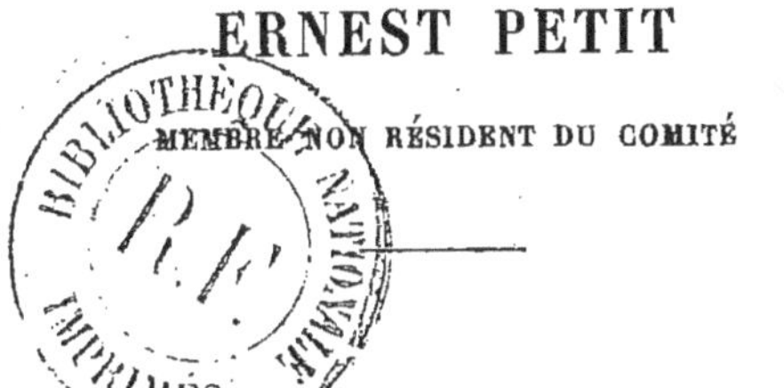

MEMBRE NON RÉSIDENT DU COMITÉ

Extrait du Bulletin historique et philologique, 1896

PARIS

IMPRIMERIE NATIONALE

—

M DCCC XCVI

SÉJOURS DE JEAN II

(1350-1356).

Les tableaux suivants comprennent les séjours du roi Jean, depuis son avènement à la couronne jusqu'à la bataille de Poitiers, c'est-à-dire depuis le 22 août 1350, jour de la mort de Philippe VI, jusqu'au 19 septembre 1356, date mémorable et funeste de l'une des plus désastreuses journées de notre histoire.

Pour poursuivre ces séjours jusqu'à la mort du roi Jean, le 8 avril 1354, il faudrait donner à ces tableaux une forme différente, et faire figurer les séjours du roi prisonnier en Angleterre en même temps que ceux de son fils Charles, régent de France. Ce travail est fait; mais pour certaines époques de cette période, les dates fournies par les actes de la chancellerie présentent de fréquentes divergences avec les séjours réels. Nombre de diplômes sont datés de Paris, alors que le régent tient campagne ailleurs, preuve assurée qu'il n'était pas invariablement accompagné de la chancellerie dans tous ses déplacements et dans ses chevauchées, et que la plupart du temps les officiers de cette cour résidaient à Paris.
Nous ajournons la publication de ces séjours dont l'incertitude à diverses époques ne serait pas d'un grand secours aux érudits, et pourrait dans plus d'un cas occasionner de nouvelles erreurs.

Les sources consultées sont les mêmes qui ont servi à établir les séjours de Charles V et de Charles VI, et, comme dans ce dernier travail, on croit devoir supprimer des indications encombrantes et sans intérêt pour le chercheur.

SÉJOURS DE JEAN II

(1350-1356).

1350. — PÂQUES, 28 mars.				
AOÛT.		**SEPTEMBRE.**		
		1	Mer.	*Vincennes* (O).
		2	Jeud.	
		3	Vend.	
		4	Sam.	
		5	Dim.	
		6	Lun.	
		7	Mar.	*Paris.*
		8	Mer.	
		9	Jeud.	
		10	Vend.	*Paris-Louvre.*
		11	Sam.	
		12	Dim.	
		13	Lun.	
		14	Mar.	
		15	Mer.	
		16	Jeud.	
		17	Vend.	
		18	Sam.	*Paris.*
		19	Dim.	
		20	Lun.	
		21	Mar.	
22	Dim.	*Mort de Philippe VI à Nogent-le-*	22	Mer.	
23	Lun.	*Roi, près Coulombs.*	23	Jeud.	*Meaux.*
24	Mar.		24	Vend.	
25	Mer.		25	Sam.	*Reims.*
26	Jeud.	*Saint-Denis, Neaufle.*	26	Dim.	*Reims.* [Sacre du Roi.]
27	Vend.		27	Lun.	*Reims.*
28	Sam.	*Saint-Denis.*	28	Mar.	*Reims.*
29	Dim.	*Saint-Denis.*	29	Mer.	
30	Lun.	*Vincennes.*	30	Jeud.	Apud Cormisiacum.
31	Mar.	*Vincennes.*			

Coulons-lez-Nogent-le-Roi. — Maison du Temple, près Paris.

Chartreuse de la Fontaine-Notre-Dame-en-Valois. — Temple, près Paris.

1350. — PÂQUES, 28 mars.

OCTOBRE.		NOVEMBRE.	
1 Vend.		1 Lun.	
2 Sam.		2 Mar.	
3 Dim.	Laon.	3 Mer.	
4 Lun.		4 Jeud.	Paris.
5 Mar.	Soissons.	5 Vend.	Paris.
6 Mer.	Saint-Médard, près Soissons.	6 Sam.	Paris.
7 Jeud.		7 Dim.	Paris, hôtel de Nesle.
8 Vend.		8 Lun.	Paris, hôtel de Nesle.
9 Sam.		9 Mar.	Paris.
10 Dim.		10 Mer.	
11 Lun.		11 Jeud.	Paris.
12 Mar.	Saint-Christophe-en-Hallate.	12 Vend.	
13 Mer.	Saint-Christophe-en-Hallate.	13 Sam.	
14 Jeud.	Paris (P).	14 Dim.	Chanteloup.
15 Vend.	Paris.	15 Lun.	
16 Sam.	Paris.	16 Mar.	
17 Dim.		17 Mer.	
18 Lun.		18 Jeud.	Pithiviers.
19 Mar.	Paris.	19 Vend.	
20 Mer.	Paris, hôtel de Nesle.	20 Sam.	
21 Jeud.		21 Dim.	
22 Vend.	Paris.	22 Lun.	
23 Sam.	Paris.	23 Mar.	
24 Dim.		24 Mer.	Chanteloup.
25 Lun.	Paris, hôtel de Nesle.	25 Jeud.	
26 Mar.	Paris.	26 Vend.	
27 Mer.	Paris.	27 Sam.	
28 Jeud.		28 Dim.	
29 Vend.	Paris.	29 Lun.	Courcy.
30 Sam.		30 Mar.	Châteauneuf-sur-Loire.
31 Dim.			

DÉCEMBRE.			
1 Mer.		17 Vend.	
2 Jeud.		18 Sam.	
3 Vend.		19 Dim.	
4 Sam.		20 Lun.	
5 Dim.		21 Mar.	
6 Lun.		22 Mer.	
7 Mar.		23 Jeud.	Villeneuve, près Avignon.
8 Mer.	Decize.	24 Vend.	
9 Jeud.		25 Sam.	Villeneuve, près Avignon.
10 Vend.		26 Dim.	Villeneuve, près Avignon.
11 Sam.		27 Lun.	Vileneuve.
12 Dim.		28 Mar.	Villeneuve.
13 Lun.		29 Mer.	Villeneuve.
14 Mar.		30 Jeud.	
15 Mer.		31 Vend.	Villeneuve-lès-Avignon.
16 Jeud.			

1351. — PÂQUES, 17 avril.

JANVIER. — FÉVRIER.

JANVIER		FÉVRIER	
1 Sam.		1 Mar.	*Au Vivier.*
2 Dim.		2 Mer.	Apud Vivarium.
3 Lun.	*Villeneuve-lès-Avignon.*	3 Jeud.	
4 Mar.		4 Vend.	
5 Mer.		5 Sam.	
6 Jeud.		6 Dim.	
7 Vend.		7 Lun.	*Lyon.*
8 Sam.	*Montpellier.*	8 Mar.	*Lyon, L'Arbresle.*
9 Dim.	*Montpellier.*	9 Mer.	
10 Lun.	*Montpellier.*	10 Jeud.	
11 Mar.		11 Vend.	
12 Mer.	*Montpellier.*	12 Sam.	
13 Jeud.	*Montpellier.*	13 Dim.	
14 Vend.	*Montpellier.*	14 Lun.	*Nogent.*
15 Sam.	*Montpellier.*	15 Mar.	
16 Dim.	*Montpellier.*	16 Mer.	*Nemours.*
17 Lun.	*Montpellier.*	17 Jeud.	*Juvisy.*
18 Mar.	*Montpellier.*	18 Vend.	
19 Mer.	*Colombières, près Montpellier.*	19 Sam.	*Paris.*
20 Jeud.	*Aigues-Mortes.*	20 Dim.	*Paris.*
21 Vend.	*Aigues-Mortes.*	21 Lun.	*Paris.*
22 Sam.	*Aigues-Mortes.*	22 Mar.	*Paris.*
23 Dim.	*Aigues-Mortes.*	23 Mer.	*Paris, hôtel de Nesle.*
24 Lun.		24 Jeud.	*Paris.*
25 Mar.		25 Vend.	
26 Mer.	*Villeneuve-lès-Avignon.*	26 Sam.	*Paris.*
27 Jeud.		27 Dim.	
28 Vend.	*Villeneuve-lès-Avignon.*	28 Lun.	*Paris.*
29 Sam.	*Villeneuve.*		
30 Dim.	*Villeneuve-lès-Avignon.*		
31 Lun.	*Saint-Esprit, Villeneuve.*		

MARS.

MARS		MARS	
1 Mar.	*Paris.*	17 Jeud.	
2 Mer.	*Paris.*	18 Vend.	*Paris.*
3 Jeud.	*Paris.*	19 Sam.	*Paris.*
4 Vend.	*Paris.*	20 Dim.	*Vincennes.*
5 Sam.		21 Lun.	
6 Dim.	*Paris.*	22 Mar.	*Paris.*
7 Lun.		23 Mer.	*Paris.*
8 Mar.	*Paris, hôtel de Nesle.*	24 Jeud.	
9 Mer.	*Paris.*	25 Vend.	
10 Jeud.	*Paris.*	26 Sam.	
11 Vend.	*Paris.*	27 Dim.	
12 Sam.	*Paris.*	28 Lun.	*Paris.*
13 Dim.		29 Mar.	*Paris.*
14 Lun.	*Paris.*	30 Mer.	*Paris.*
15 Mar.	*Paris.*	31 Jeud.	*Paris.*
16 Mer.	*Paris.*		

Clichy. — Vincennes.

1351. — PÂQUES, 17 avril.

AVRIL.		MAI.	
1 Vend.		1 Dim.	*Paris.*
2 Sam.		2 Lun.	*Paris.*
3 Dim.		3 Mar.	*Paris.*
4 Lun.		4 Mer.	*Paris.*
5 Mar.	*Poissy.*	5 Jeud.	
6 Mer.	*Poissy.*	6 Vend.	*Paris.*
7 Jeud.		7 Sam.	*Paris.*
8 Vend.		8 Dim.	
9 Sam.	*Paris.*	9 Lun.	*Paris.*
10 Dim.	*Paris.*	10 Mar.	*Paris.*
11 Lun.		11 Mer.	
12 Mar.		12 Jeud.	*Paris.*
13 Mer.		13 Vend.	*Paris.*
14 Jeud.		14 Sam.	*Paris.*
15 Vend.	*Paris.*	15 Dim.	
16 Sam.	*Paris.*	16 Lun.	*Argenteuil.*
17 Dim.	Pàques. — *Paris.*	17 Mar.	
18 Lun.	*Paris.*	18 Mer.	*Saint-Germain-en-Laye.*
19 Mar.		19 Jeud.	*Saint-Germain-en-Laye.*
20 Mer.	*Paris.*	20 Vend.	
21 Jeud.		21 Sam.	
22 Vend.		22 Dim.	*Saint-Germain-en-Laye.*
23 Sam.		23 Lun.	*Saint-Germain-en-Laye*, St-*Jamme.*
24 Dim.		24 Mar.	*Saint-Germain-en-Laye.*
25 Lun.		25 Mer.	*Saint-Germain.*
26 Mar.		26 Jeud.	
27 Mer.	*Chanteloup* (T), (P).	27 Vend.	*Saint-Germain-en-Laye.*
28 Jeud.		28 Sam.	*Saint-Germain-en-Laye.*
29 Vend.		29 Dim.	*Saint-Germain-en-Laye.*
30 Sam.	*Paris.*	30 Lun.	*Saint-Germain-en-Laye.*
		31 Mar.	

In campis prope Burgum Reginam. — Chartres. — Auneau.

JUIN.			
1 Mer.	*Paris.*	17 Vend.	
2 Jeud.		18 Sam.	
3 Vend.		19 Dim.	
4 Sam.	*Paris.*	20 Lun.	
5 Dim.		21 Mar.	*Saint-Ouen.*
6 Lun.	*Paris.*	22 Mer.	*Saint-Ouen.*
7 Mar.	*Paris.*	23 Jeud.	*Saint-Ouen.*
8 Mer	*Paris.*	24 Vend.	*Saint-Ouen.*
9 Jeud.		25 Sam.	*Saint-Ouen.*
10 Vend.	*Paris.*	26 Dim.	*Saint-Ouen.*
11 Sam.		27 Lun.	
12 Dim.		28 Mar.	*Saint-Ouen.*
13 Lun.	*Paris.*	29 Mer.	*Saint-Ouen.*
14 Mar.		30 Jeud.	
15 Mer.			
16 Jeud.			

1351. — PÂQUES, 17 avril.

JUILLET.		AOÛT.	
1 Vend.	Saint-Germain-en-Laye.	1 Lun.	Fontainebleau.
2 Sam.	Vincennes.	2 Mar.	Fleury-en-Bière.
3 Dim.	Vincennes.	3 Mer.	
4 Lun.	Paris.	4 Jeud.	Abbaye du Lys.
5 Mar.	Paris.	5 Vend.	Abbaye du Lys.
6 Mer.	Villeneuve-Saint-Denis.	6 Sam.	Corbeil.
7 Jeud.		7 Dim.	
8 Vend.	Becoisel-en-Brie.	8 Lun.	
9 Sam.	Becoisel-en-Brie.	9 Mar.	Chanteloup, Saint-Jean-en-l'Isle, près Corbeil.
10 Dim.	Becoisel-en-Brie.	10 Mer.	Chanteloup, Saint-Jean.
11 Lun.		11 Jeud.	Saint-Jean-en-l'Isle, près Corbeil.
12 Mar.		12 Vend.	
13 Mer.		13 Sam.	
14 Jeud.		14 Dim.	
15 Vend.	Val-Coquatrix.	15 Lun.	
16 Sam.		16 Mar.	Paris.
17 Dim.	Val-Coquatrix.	17 Mer.	
18 Lun.	Val-Coquatrix.	18 Jeud.	Paris.
19 Mar.		19 Vend.	
20 Mer.	Pertes.	20 Sam.	
21 Jeud.		21 Dim.	
22 Vend.		22 Lun.	
23 Sam.		23 Mar.	
24 Dim.	Fontainebleau.	24 Mer.	
25 Lun.	Fontainebleau.	25 Jeud.	
26 Mar.	Fontainebleau.	26 Vend.	
27 Mer.		27 Sam.	
28 Jeud.	Fontainebleau.	28 Dim.	
29 Vend.	Fontainebleau.	29 Lun.	Sᵗ-Jean-d'Angely (in tentis nostris).
30 Sam.	Fontainebleau.	30 Mar.	Saint-Jean-d'Angely.
31 Dim.		31 Mer.	

SEPTEMBRE.

1 Jeud.		16 Vend.	
2 Vend.		17 Sam.	Paris.
3 Sam.		18 Dim.	Paris.
4 Dim.		19 Lun.	Paris.
5 Lun.	Niort.	20 Mar.	Paris.
6 Mar.		21 Mer.	Paris.
7 Mer.		22 Jeud.	Paris.
8 Jeud.		23 Vend.	Paris.
9 Vend.		24 Sam.	Paris.
10 Sam.		25 Dim.	
11 Dim.		26 Lun.	Paris.
12 Lun.		27 Mar.	
13 Mar.		28 Mer.	Paris.
14 Mer.		29 Jeud.	Paris.
15 Jeud.		30 Vend.	Paris.

1351. — PÂQUES, 17 avril.

OCTOBRE.		NOVEMBRE.	
1 Sam.		1 Mar.	
2 Dim.		2 Mer.	
3 Lun.	*Paris.*	3 Jeud.	
4 Mar.		4 Vend.	
5 Mer.		5 Sam.	
6 Jeud.	*Louvre, près Paris.*	6 Dim.	*Saint-Christophe-en-Hallate.*
7 Vend.	*Louvre-lès-Paris.*	7 Lun.	*Saint-Christophe-en-Hallate.*
8 Sam.		8 Mar.	*Saint-Christophe-en-Hallate.*
9 Dim.		9 Mer.	*Saint-Christophe-en-Hallate.*
10 Lun.		10 Jeud.	
11 Mar.	*Saint-Denis.*	11 Vend.	
12 Mer.	*Saint-Ouen.*	12 Sam.	
13 Jeud.		13 Dim.	*Saint-Christophe-en-Hallate.*
14 Vend.		14 Lun.	
15 Sam.		15 Mar.	*Moncel, près Saint-Maxence.*
16 Dim.	*Paris.*	16 Mer.	*Verberie*
17 Lun.		17 Jeud.	
18 Mar.		18 Vend.	*Béthisy.*
19 Mer.		19 Sam.	*Béthisy.*
20 Jeud.	*Paris.*	20 Dim.	
21 Vend.	*Wirmes* (G).	21 Lun.	*Morienval.*
22 Sam.		22 Mar.	
23 Dim.		23 Mer.	*Morienval.*
24 Lun.		24 Jeud.	
25 Mar.		25 Vend.	*Meaux.*
26 Mer.	*Paris.*	26 Sam.	*Meaux.*
27 Jeud.	*Saint-Victor-lès-Paris.*	27 Dim.	
28 Vend.		28 Lun.	
29 Sam.		29 Mar.	
30 Dim.		30 Mer.	*Paris.*
31 Lun.			

Poissy. — Vincennes. — Val-Sainte-Marie.

In domo hospitalis de Suaisiaco.

DÉCEMBRE.			
1 Jeud.		17 Sam.	*Saint-Denis.*
2 Vend.		18 Dim.	
3 Sam.		19 Lun.	
4 Dim.		20 Mar.	*Saint-Jean-en-l'Isle, près Corbeil.*
5 Lun.	*Paris.*	21 Mer.	*Paris.*
6 Mar.		22 Jeud.	
7 Mer.	*Paris.*	23 Vend.	*Paris.*
8 Jeud.		24 Sam.	*Paris.*
9 Vend.	*Paris.*	25 Dim.	*Paris.*
10 Sam.	*Paris.*	26 Lun.	
11 Dim.	*Saint-Germain-des-Prés.*	27 Mar.	*Paris.*
12 Lun.	*Saint-Germain-des-Prés.*	28 Mer.	
13 Mar.		29 Jeud.	
14 Mer.	*Saint-Germain-des-Prés.*	30 Vend.	*Paris.*
15 Jeud.		31 Sam.	
16 Vend.			

1352. — PÂQUES, 8 avril.

	JANVIER.			FÉVRIER.
1	Dim.		1	Mer.	Paris.
2	Lun.		2	Jeud.	
3	Mar.		3	Vend.	Paris.
4	Mer.		4	Sam.	Paris.
5	Jeud.		5	Dim.	
6	Vend.		6	Lun.	
7	Sam.	Saint-Ouen.	7	Mar.	Vincennes.
8	Dim.	Paris.	8	Mer.	Paris.
9	Lun.		9	Jeud.	Vincennes.
10	Mar.		10	Vend.	Paris.
11	Mer.		11	Sam.	
12	Jeud.	Paris.	12	Dim.	
13	Vend.	Paris.	13	Lun.	Blandi.
14	Sam.		14	Mar.	Paris.
15	Dim.	Paris.	15	Mer.	Lys lès-Melun.
16	Lun.	Paris.	16	Jeud.	
17	Mar.	Paris.	17	Vend.	
18	Mer.	Paris.	18	Sam.	Saint-Jean-en-l'Isle, près Corbeil.
19	Jeud.	Paris.	19	Dim.	Corbeil.
20	Vend.	Paris.	20	Lun.	Chanteloup, Corbeil.
21	Sam.		21	Mar.	Chanteloup, Corbeil.
22	Dim.	Paris.	22	Mer.	
23	Lun.	Paris.	23	Jeud.	Montléry.
24	Mar.	Paris.	24	Vend.	Longpont, près Montléry.
25	Mer.		25	Sam.	Vincennes.
26	Jeud.	Paris.	26	Dim.	Vincennes.
27	Vend.		27	Lun.	Vincennes.
28	Sam.		28	Mar.	Vincennes.
29	Dim.		29	Mer.	
30	Lun.	Paris.			
31	Mar.				

MARS.

1	Jeud.	Paris.	17	Sam.	Vernon.
2	Vend.	Paris.	18	Dim.	
3	Sam.	Paris.	19	Lun.	Vernon.
4	Dim.		20	Mar.	
5	Lun.		21	Mer.	Vaudreuil.
6	Mar.	Paris.	22	Jeud.	Château-Gaillard.
7	Mer.	Poissy.	23	Vend.	
8	Jeud.	Poissy.	24	Sam.	Vaudreuil.
9	Vend.	Poissy.	25	Dim.	Vaudreuil.
10	Sam.	Poissy.	26	Lun.	Vaudreuil.
11	Dim.	Poissy.	27	Mar.	
12	Lun.		28	Mer.	
13	Mar.	Mantes.	29	Jeud.	
14	Mer.		30	Vend.	Abbaye de Bonport.
15	Jeud.	Pacy.	31	Sam.	
16	Vend.				

1352. — PÂQUES, 8 avril.

AVRIL.		MAI.	
1 Dim.	*Abbaye de Bonport.*	1 Mar.	*Paris.*
2 Lun.	*Abbaye de Bonport.*	2 Mer.	*Paris.*
3 Mar.	*Abbaye de Bonport.*	3 Jeud.	*Paris.*
4 Mer.	*Bonport.*	4 Vend.	*Paris.*
5 Jeud.		5 Sam.	
6 Vend.	*Abbaye de Bonport.*	6 Dim.	
7 Sam.	*Abbaye de Bonport.*	7 Lun.	
8 Dim.		8 Mar.	
9 Lun.		9 Mer.	
10 Mar.	*Noyon.*	10 Jeud.	*Paris.*
11 Mer.		11 Vend.	
12 Jeud.		12 Sam.	*Paris.*
13 Vend.	*Maineville, Neumarché.*	13 Dim.	*Paris.*
14 Sam.	*Neumarché.*	14 Lun.	*Paris.*
15 Dim.	*Gisors.*	15 Mar.	*Paris.*
16 Lun.		16 Mer.	*Paris.*
17 Mar.	*Pontoise* (P).	17 Jeud.	
18 Mer.	In abbatia Maliduni [*Maubuisson*].	18 Vend.	*Paris.*
19 Jeud.		19 Sam.	*Paris.*
20 Vend.	*Paris.*	20 Dim.	
21 Sam.		21 Lun.	
22 Dim.	*Neumarché.*	22 Mar.	
23 Lun.		23 Mer.	*Paris.*
24 Mar.	*Poissy.*	24 Jeud.	
25 Mer.	*Saint-Louis-de-Poissy.*	25 Vend.	*Paris.*
26 Jeud.	*Paris.*	26 Sam.	
27 Vend.		27 Dim.	
28 Sam.	*Paris.*	28 Lun.	
29 Dim.		29 Mar.	
30 Lun.	*Paris.*	30 Mer.	*Paris.*
		31 Jeud.	

Vaudreuil. — In castro de Mail. — Rouen.	Poissy.

JUIN.			
1 Vend.	*Bonnellam.*	17 Dim.	*Saint-Germain-en-Laye.*
2 Sam.		18 Lun.	
3 Dim.		19 Mar.	
4 Lun.	*Vadum de Lorray.*	20 Mer.	
5 Mar.		21 Jeud.	
6 Mer.	*Chanteloup.*	22 Vend.	*Becoisel* [Rostrum avis in Bria].
7 Jeud.		23 Sam.	
8 Vend.		24 Dim.	
9 Sam.	*Chanteloup.*	25 Lun.	
10 Dim.		26 Mar.	
11 Lun.	*Chanteloup.*	27 Mer.	
12 Mar.	*Paris.*	28 Jeud.	*Jouy-l'Abbaie* (G).
13 Mer.		29 Vend.	
14 Jeud.	*Conflans.*	30 Sam.	*Jouy-l'Abbaye* (G).
15 Vend.			
16 Sam.		Neuville-Saint-Denis. — Saint-Supplice.	

1352. — PÂQUES, 8 avril.

JUILLET.		AOÛT.	
1 Dim.		1 Mer.	*Paris.*
2 Lun.	*Abbaye de Preuilly.*	2 Jeud.	
3 Mar.		3 Vend.	*Paris.*
4 Mer.		4 Sam.	
5 Jeud.		5 Dim.	
6 Vend.	*Nogent-sur-Seine.*	6 Lun.	*Poissy.*
7 Sam.	*Abbaye de Preuilly.*	7 Mar.	
8 Dim.		8 Mer.	
9 Lun.		9 Jeud.	*Paris.*
10 Mar.	*Milly-en-Gastinais, Montereau.*	10 Vend.	
11 Mer.	*Montereau-Faut-Yonne* (G).	11 Sam.	*Poissy.*
12 Jeud.		12 Dim.	
13 Vend.		13 Lun.	
14 Sam.	*Fontainebleau.*	14 Mar.	
15 Dim.		15 Mer.	*Poissy.*
16 Lun.	*Paris.*	16 Jeud.	*Saint-Germain-en-Laye.*
17 Mar.		17 Vend.	
18 Mer.		18 Sam.	*Paris.*
19 Jeud.		19 Dim.	
20 Vend.		20 Lun.	*Paris.*
21 Sam.		21 Mar.	
22 Dim.	*Fontainebleau.*	22 Mer.	
23 Lun.		23 Jeud.	
24 Mar.		24 Vend.	
25 Mer.		25 Sam.	
26 Jeud.		26 Dim.	
27 Vend.	*Conflans* (T).	27 Lun.	*Conflans.*
28 Sam.		28 Mar.	
29 Dim.		29 Mer.	
30 Lun.		30 Jeud.	*Saint-Germain-en-Laye.*
31 Mar.		31 Vend.	

Conflans. — Fontanam in bosco Sorduum. — Au-
megniacum (T).

SEPTEMBRE.

1 Sam.		17 Lun.	
2 Dim.	*Saint-Germain-en-Laye.*	18 Mar.	
3 Lun.		19 Mer.	
4 Mar.		20 Jeud.	*Vincennes.*
5 Mer.	*Saint-Germain-en-Laye.*	21 Vend.	
6 Jeud.	*Saint-Germain-en-Laye.*	22 Sam.	
7 Vend.		23 Dim.	
8 Sam.		24 Lun.	*Vincennes.*
9 Dim.		25 Mar.	*Vincennes.*
10 Lun.		26 Mer.	
11 Mar.		27 Jeud.	*Vincennes.*
12 Mer.	*Paris.*	28 Vend.	*Paris.*
13 Jeud.	*Saint-Germain-en-Laye.*	29 Sam.	
14 Vend.		30 Dim.	*Paris.*
15 Sam.			
16 Dim.		Saint-Denis.	

1352. — PÂQUES, 8 avril.

OCTOBRE.		NOVEMBRE.	
1 Lun.	*Paris.*	1 Jeud.	
2 Mar.		2 Vend.	
3 Mer.		3 Sam.	*Paris.*
4 Jeud.		4 Dim.	*Paris, hôtel de Nesle.*
5 Vend.	*Paris.*	5 Lun.	*Paris.*
6 Sam.	*Paris.*	6 Mar.	
7 Dim.	*Paris.*	7 Mer.	*Paris.*
8 Lun.	*Royaumont.*	8 Jeud.	*Paris.*
9 Mar.		9 Vend.	*Paris.*
10 Mer.		10 Sam.	*Paris.*
11 Jeud.		11 Dim.	*Paris, hôtel de Nesle.*
12 Vend.		12 Lun.	
13 Sam.	*Abbaye de Royaumont.*	13 Mar.	
14 Dim.		14 Mer.	
15 Lun.	*Saint-Louis de Poissy.*	15 Jeud.	*Vincennes.*
16 Mar.	*Paris.*	16 Vend.	
17 Mer.		17 Sam.	
18 Jeud.		18 Dim.	*Paris.*
19 Vend.	*Paris.*	19 Lun.	
20 Sam.		20 Mar.	*Paris.*
21 Dim.		21 Mer.	
22 Lun.	*Paris.*	22 Jeud.	*Paris.*
23 Mar.		23 Vend.	
24 Mer.	*Paris, hôtel de Nesle.*	24 Sam.	*Paris.*
25 Jeud.		25 Dim.	
26 Vend.		26 Lun.	
27 Sam.		27 Mar.	
28 Dim.	*Paris.*	28 Mer.	*Paris.*
29 Lun.		29 Jeud.	
30 Mar.	*Paris, Boulogne, Saint-Cloud.*	30 Vend.	*Paris.*
31 Mer.			

Maubuisson, près Pontoise.

DÉCEMBRE.

1 Sam.	*Paris.*	17 Lun.	*Paris.*
2 Dim.		18 Mar.	*Paris.*
3 Lun.		19 Mer.	*Paris.*
4 Mar.		20 Jeud.	*Paris, Vincennes* (G).
5 Mer.		21 Vend.	
6 Jeud.	*Saint-Germain-des-Prés.*	22 Sam.	*Paris.*
7 Vend.		23 Dim.	
8 Sam.		24 Lun.	
9 Dim.		25 Mar.	*Paris.*
10 Lun.	*Paris.*	26 Mer.	*Paris.*
11 Mar.		27 Jeud.	*Paris.*
12 Mer.	*Paris, hôtel de Nesle.*	28 Vend.	*Paris.*
13 Jeud.	*Paris.*	29 Sam.	*Paris, hôtel de Nesle.*
14 Vend.	*Paris.*	30 Dim.	
15 Sam.		31 Lun.	*Paris.*
16 Dim.			

1353. — PÂQUES, 24 mars.

JANVIER.		FÉVRIER.	
1 Mar.		1 Vend.	
2 Mer.	*Paris.*	2 Sam.	*Beauvais, Senlis.*
3 Jeud.		3 Dim.	
4 Vend.	*Paris.*	4 Lun.	
5 Sam.		5 Mar.	
6 Dim.	*Paris, hôtel de Nesle.*	6 Mer.	
7 Lun.		7 Jeud.	
8 Mar.		8 Vend.	
9 Mer.		9 Sam.	*Montcel, près Saint-Maxence.*
10 Jeud.		10 Dim.	*Abbaye de Montcel.*
11 Vend.	*Gournay.*	11 Lun.	*Gournay.*
12 Sam.	*Gournay.*	12 Mar.	
13 Dim.		13 Mer.	
14 Lun.		14 Jeud.	
15 Mar.	*Gisors.*	15 Vend.	*Senlis.*
16 Mer.		16 Sam.	
17 Jeud.	*Plessis.*	17 Dim.	*Senlis.*
18 Vend.		18 Lun.	*Pont-Saint-Maxence.*
19 Sam.	*Abbaye de l'Isle-Dieu.*	19 Mar.	
20 Dim.	*Abbaye de l'Isle-Dieu.*	20 Mer.	
21 Lun.		21 Jeud.	
22 Mar.		22 Vend.	
23 Mer.	*Abbaye de l'Isle-Dieu.*	23 Sam.	*Chambly.*
24 Jeud.	*Plessis.*	24 Dim.	
25 Vend.	*Plessis.*	25 Lun.	
26 Sam.	Hospitium de Plexeyo.	26 Mar.	
27 Dim.	Plesseium prope b. Mariam d'Es-	27 Mer.	*Plessis.*
28 Lun.	coys in Normannia.	28 Jeud.	
29 Mar.			
30 Mer.	*Saint-Germain-des-Prés.*		
31 Jeud.			

Apud Triam.   Beaumont-sur-Oise. — Saint-Ouen.

MARS.

1 Vend.		18 Lun.	
2 Sam.	*Plessis.*	19 Mar.	*Vaudreuil.*
3 Dim.	*Abbaye de l'Isle-Dieu.*	20 Mer.	*Val de Rucil.*
4 Lun.	*Abbaye de l'Isle-Dieu.*	21 Jeud.	
5 Mar.		22 Vend.	*Vaudreuil.*
6 Mer.	*Fontaines-le-Chastel.*	23 Sam.	
7 Jeud.		24 Dim.	*Vaudreuil.*
8 Vend.		25 Lun.	*Val de Rucil.*
9 Sam.		26 Mar.	*Gaillon.*
10 Dim.	Fontes Burgii.	27 Mer.	
11 Lun.	Fontes Burgii.	28 Jeud.	*Vernon.*
12 Mar.	*Saint-Ouen, près Rouen.*	29 Vend.	
13 Mer.	*Rouen (T).*	30 Sam.	*Poissy.*
14 Jeud.		31 Dim.	*Paris.*
15 Vend.			
16 Sam.			
17 Dim.			

Abbaye de Bonport. — Bughingham près Guines. — Deville-les-Rouen.

1353. — PÂQUES, 24 mars.

AVRIL.		MAI.	
1 Lun.		1 Mer.	*Paris.*
2 Mar.	*Paris.*	2 Jeud.	*Paris.*
3 Mer.		3 Vend.	*Paris.*
4 Jeud.	*Paris.*	4 Sam.	*Paris.*
5 Vend.	*Paris.*	5 Dim.	*Paris.*
6 Sam.		6 Lun.	
7 Dim.		7 Mar.	
8 Lun.	*Paris, hôtel de Nesle.*	8 Mer.	
9 Mar.	*Paris.*	9 Jeud.	
10 Mer.	*Paris.*	10 Vend.	
11 Jeud.		11 Sam.	
12 Vend.		12 Dim.	*Paris, hôtel de Nesle.*
13 Sam.		13 Lun.	
14 Dim.	*Paris.*	14 Mar.	*Paris.*
15 Lun.	*Paris.*	15 Mer.	*Paris.*
16 Mar.		16 Jeud.	
17 Mer.		17 Vend.	
18 Jeud.		18 Sam.	
19 Vend.		19 Dim.	
20 Sam.	*Paris.*	20 Lun.	
21 Dim.		21 Mar.	*Paris.*
22 Lun.		22 Mer.	
23 Mar.	*Paris.*	23 Jeud.	
24 Mer.	*Poissy.*	24 Vend.	*Paris.*
25 Jeud.		25 Sam.	
26 Vend.	*Saint-Germain-en-Laye.*	26 Dim.	*Paris.*
27 Sam.		27 Lun.	
28 Dim.		28 Mar.	
29 Lun.	*Paris.*	29 Mer.	
30 Mar.	*Paris.*	30 Jeud.	*Paris.*
		31 Vend.	*Paris.*

JUIN.			
1 Sam.	*Paris.*	17 Lun.	
2 Dim.	*Paris.*	18 Mar.	*Vincennes.*
3 Lun.	*Paris.*	19 Mer.	
4 Mar.	*Paris.*	20 Jeud.	*Vincennes.*
5 Mer.		21 Vend.	
6 Jeud.	*Paris.*	22 Sam.	
7 Vend.	*Paris.*	23 Dim.	
8 Sam.	*Paris.*	24 Lun.	
9 Dim.		25 Mar.	
10 Lun.		26 Mer.	
11 Mar.		27 Jeud.	
12 Mer.		28 Vend.	
13 Jeud.	Nobilem domum [*Saint-Ouen*].	29 Sam.	*Corbeil.*
14 Vend.		30 Dim.	*Corbeil.*
15 Sam.	*Paris.*		
16 Dim.		Vau-la-Comtesse. — Villepóque. — Conflans.	

1353. — PÂQUES, 24 mars.

JUILLET.		AOÛT.	
1 Lun.	Corbeil.	1 Jeud.	Paris.
2 Mar.	Fontainebleau.	2 Vend.	Paris.
3 Mer.	Fontainebleau.	3 Sam.	
4 Jeud.		4 Dim.	
5 Vend.		5 Lun.	Paris.
6 Sam.		6 Mar.	
7 Dim.		7 Mer.	Paris.
8 Lun.	Galetas-lès-Domats, Nemours.	8 Jeud.	
9 Mar.		9 Vend.	
10 Mer.	Metz-le-Maréchal.	10 Sam.	
11 Jeud.		11 Dim.	
12 Vend.		12 Lun.	
13 Sam.	Galetas-lès-Domats.	13 Mar.	Paris.
14 Dim.	Galetas-lès-Domats.	14 Mer.	
15 Lun.		15 Jeud.	
16 Mar.		16 Vend.	
17 Mer.	Chantecoq.	17 Sam.	Saint-Germain-en-Laye, Passy.
18 Jeud.	Chantecoq, Ferrières.	18 Dim.	
19 Vend.		19 Lun.	Poissy.
20 Sam.		20 Mar.	
21 Dim.	Paris.	21 Mer.	
22 Lun.		22 Jeud.	Vernon-sur-Seine.
23 Mar.		23 Vend.	Vernon-sur-Seine.
24 Mer.	Paris.	24 Sam.	
25 Jeud.		25 Dim.	
26 Vend.	Paris.	26 Lun.	Becoisel-sur-Seine.
27 Sam.	Saint-Ouen.	27 Mar.	Gaillon.
28 Dim.		28 Mer.	
29 Lun.		29 Jeud.	
30 Mar.	Paris.	30 Vend.	Vaudreuil.
31 Mer.	Paris.	31 Sam.	Vaudreuil.

Ferrières en Gastinois. — Abbaye de Barbeau.　　　Château de Gallardon.

SEPTEMBRE.			
1 Dim.	Val de Rueil.	17 Mar.	Paris.
2 Lun.	Vaudreuil.	18 Mer.	Paris.
3 Mar.		19 Jeud.	
4 Mer.		20 Vend.	
5 Jeud.		21 Sam.	Paris.
6 Vend.		22 Dim.	Paris.
7 Sam.		23 Lun.	
8 Dim.		24 Mar.	
9 Lun.	Saint-Ouen.	25 Mer.	
10 Mar.		26 Jeud.	
11 Mer.		27 Vend.	
12 Jeud.	Saint-Ouen.	28 Sam.	
13 Vend.		29 Dim.	Paris.
14 Sam.	Saint-Ouen.	30 Lun.	Paris.
15 Dim.			
16 Lun.	Paris.		Saint-Denis.

1353. — PÂQUES, 24 mars.

OCTOBRE.		NOVEMBRE.	
1 Mar.	*Paris.*	1 Vend.	*Paris.*
2 Mer.		2 Sam.	*Paris.*
3 Jeud.	*Paris.*	3 Dim.	*Paris.*
4 Vend.	*Paris.*	4 Lun.	
5 Sam.	*Chanteloup, Paris.*	5 Mar.	*Poissy.*
6 Dim.	*Paris.*	6 Mer.	
7 Lun.		7 Jeud.	*Vincennes.*
8 Mar.	*Paris, Saint-Denis.*	8 Vend.	
9 Mer.	*Saint-Denis.*	9 Sam.	*Vincennes.*
10 Jeud.	*Saint-Denis.*	10 Dim.	*Vincennes.*
11 Vend.		11 Lun.	
12 Sam.		12 Mar.	*Vincennes.*
13 Dim.		13 Mer.	*Vincennes.*
14 Lun.		14 Jeud.	
15 Mar.		15 Vend.	
16 Mer.		16 Sam.	*Vincennes.*
17 Jeud.		17 Dim.	*Vincennes.*
18 Vend.		18 Lun.	*Paris.*
19 Sam.	*Saint-Christophe-en-Hallate* (T), (G).	19 Mar.	
20 Dim.	*Saint-Christophe-en-Hallate* (T), (G).	20 Mer.	
21 Lun.		21 Jeud.	*Paris.*
22 Mar.		22 Vend.	*Paris-Louvre.*
23 Mer.	*Paris* (O).	23 Sam.	
24 Jeud.	*Paris.*	24 Dim.	
25 Vend.		25 Lun.	
26 Sam.		26 Mar.	*Paris.*
27 Dim.	*Paris.*	27 Mer.	*Vincennes.*
28 Lun.		28 Jeud.	
29 Mar.		29 Vend.	*Paris.*
30 Mer.	*Paris-Louvre.*	30 Sam.	
31 Jeud.	*Paris.*		
		Saint-Ouen.	

DÉCEMBRE.			
1 Dim.		17 Mar.	*Paris.*
2 Lun.	*Paris.*	18 Mer.	*Paris.*
3 Mar.		19 Jeud.	*Paris.*
4 Mer.		20 Vend.	
5 Jeud.	*Paris.*	21 Sam.	
6 Vend.	*Paris.*	22 Dim.	*Paris.*
7 Sam.		23 Lun.	*Paris.*
8 Dim.		24 Mar.	
9 Lun.	*Paris.*	25 Mer.	*Paris.*
10 Mar.	*Paris.*	26 Jeud.	*Paris.*
11 Mer.		27 Vend.	
12 Jeud.		28 Sam.	*Paris.*
13 Vend.	*Paris.*	29 Dim.	
14 Sam.		30 Lun.	*Paris.*
15 Dim.	*Paris.*	31 Mar.	*Paris.*
16 Lun.			

1354. — PÂQUES, 13 avril.

JANVIER.		FÉVRIER.	
1 Mer.		1 Sam.	*Paris.*
2 Jeud.	*Paris.*	2 Dim.	
3 Vend.		3 Lun.	*Paris.*
4 Sam.	*Paris.*	4 Mar.	*Paris.*
5 Dim.		5 Mer.	*Paris, hôtel de Nesle.*
6 Lun.		6 Jeud.	*Paris.*
7 Mar.		7 Vend.	
8 Mer.	*Paris-Louvre.*	8 Sam.	*Paris.*
9 Jeud.		9 Dim.	
10 Vend.		10 Lun.	
11 Sam.		11 Mar.	
12 Dim.	*Paris.*	12 Mer.	
13 Lun.		13 Jeud.	
14 Mar.		14 Vend.	
15 Mer.		15 Sam.	*Paris.*
16 Jeud.		16 Dim.	*Paris.*
17 Vend.	*Paris.*	17 Lun.	*Paris.*
18 Sam.		18 Mar.	
19 Dim.	*Paris.*	19 Mer.	
20 Lun.		20 Jeud.	
21 Mar.		21 Vend.	*Paris.*
22 Mer.		22 Sam.	*Paris.*
23 Jeud.		23 Dim.	*Paris.*
24 Vend.	*Paris, hôtel de Nesle.*	24 Lun.	
25 Sam.	*Paris.*	25 Mar.	
26 Dim.	*Paris.*	26 Mer.	*Paris.*
27 Lun.		27 Jeud.	
28 Mar.		28 Vend.	*Paris.*
29 Mer.	*Paris.*		
30 Jeud.	*Paris.*		
31 Vend.			

MARS.

1 Sam.		17 Lun.	*Au Temple, près Paris.*
2 Dim.	*Paris.*	18 Mar.	*Au Temple, près Paris.*
3 Lun.	*Paris.*	19 Mer.	*Saint-Martin-des-Champs.*
4 Mar.	*Paris.*	20 Jeud.	
5 Mer.	*Paris.*	21 Vend.	
6 Jeud.	*Paris.*	22 Sam.	*Paris.*
7 Vend.		23 Dim.	*Paris.*
8 Sam.	*Paris.*	24 Lun.	
9 Dim.	*Paris.*	25 Mar.	*Saint-Ouen.*
10 Lun.	*Paris.*	26 Mer.	*Saint-Ouen.*
11 Mar.		27 Jeud.	*Au Temple, près Paris.*
12 Mer.	*Paris.*	28 Vend.	
13 Jeud.	*Paris.*	29 Sam.	
14 Vend.		30 Dim.	
15 Sam.		31 Lun.	*Paris.*
16 Dim.	*Paris.*		

1354. — PÂQUES, 13 avril.

AVRIL.			MAI.	
1 Mar.		1 Jeud.	Paris.
2 Mer.		2 Vend.	
3 Jeud.	Paris.	3 Sam.	
4 Vend.	Paris.	4 Dim.	Paris.
5 Sam.	Paris-Louvre.	5 Lun.	Paris.
6 Dim.		6 Mar.	Paris.
7 Lun.	Paris.	7 Mer.	
8 Mar.	Paris.	8 Jeud.	
9 Mer.	Paris.	9 Vend.	Saint-Ouen.
10 Jeud.		10 Sam.	Saint-Ouen.
11 Vend.		11 Dim.	Saint-Ouen.
12 Sam.		12 Lun.	
13 Dim.	Paris.	13 Mar.	Saint-Ouen.
14 Lun.	Paris.	14 Mer.	
15 Mar.	Paris.	15 Jeud.	
16 Mer.		16 Vend.	Paris, hôtel de Nesle.
17 Jeud.		17 Sam.	Saint-Ouen.
18 Vend.	Paris.	18 Dim.	
19 Sam.	Paris.	19 Lun.	Saint-Ouen.
20 Dim.		20 Mar.	
21 Lun.		21 Mer.	
22 Mar.	Paris.	22 Jeud.	Paris.
23 Mer.		23 Vend.	Saint-Ouen.
24 Jeud.		24 Sam.	
25 Vend.	Paris.	25 Dim.	
26 Sam.		26 Lun.	
27 Dim.	Paris.	27 Mar.	
28 Lun.	Paris.	28 Mer.	Paris.
29 Mar.	Paris-Louvre.	29 Jeud.	Paris.
30 Mer.	Paris.	30 Vend.	
		31 Sam.	

JUIN.				
1 Dim.		17 Mar.	Paris.
2 Lun.	Paris.	18 Mer.	
3 Mar.		19 Jeud.	
4 Mer.	Paris.	20 Vend.	
5 Jeud.		21 Sam.	Paris.
6 Vend.	Saint-Ouen.	22 Dim.	Saint-Ouen.
7 Sam.		23 Lun.	Saint-Ouen.
8 Dim.	Saint-Ouen.	24 Mar.	
9 Lun.		25 Mer.	Saint-Ouen.
10 Mar.	Saint-Christophe-en-Hallate.	26 Jeud.	Saint-Ouen.
11 Mer.		27 Vend.	Saint-Ouen.
12 Jeud.		28 Sam.	Saint-Ouen.
13 Vend.	Paris.	29 Dim.	
14 Sam.	Paris.	30 Lun.	Saint-Ouen.
15 Dim.	Paris.		
16 Lun.			

1354. — PÂQUES, 13 avril.

JUILLET.		AOÛT.	
1 Mar.	*Saint-Ouen.*	1 Vend.	
2 Mer.	*Saint-Ouen.*	2 Sam.	
3 Jeud.	*Saint-Ouen.*	3 Dim.	*Paris.*
4 Vend.		4 Lun.	
5 Sam.	*Saint-Ouen.*	5 Mar.	*Paris.*
6 Dim.		6 Mer.	*Paris.*
7 Lun.		7 Jeud.	
8 Mar.		8 Vend.	
9 Mer.	*Saint-Ouen.*	9 Sam.	*Paris.*
10 Jeud.		10 Dim.	
11 Vend.		11 Lun.	*Paris (Conseil).*
12 Sam.		12 Mar.	
13 Dim.		13 Mer.	*Paris, hôtel de Nesle.*
14 Lun.		14 Jeud.	
15 Mar.		15 Vend.	
16 Mer.	*Paris.*	16 Sam.	
17 Jeud.	*Paris* (T).	17 Dim.	*Paris.*
18 Vend.		18 Lun.	
19 Sam.		19 Mar.	*Paris.*
20 Dim.		20 Mer.	*Paris.*
21 Lun.		21 Jeud.	*Paris.*
22 Mar.	*Paris.*	22 Vend.	
23 Mer.	*Paris.*	23 Sam.	*Paris.*
24 Jeud.	*Paris-Louvre.*	24 Dim.	*Paris.*
25 Vend.	*Paris.*	25 Lun.	*Paris.*
26 Sam.		26 Mar.	*Paris.*
27 Dim.	*Paris.*	27 Mer.	*Paris.*
28 Lun.	*Paris.*	28 Jeud.	
29 Mar.		29 Vend.	*Paris.*
30 Mer.		30 Sam.	*Paris.*
31 Jeud.	*Paris.*	31 Dim.	*Paris.*

SEPTEMBRE.

1 Lun.	*Paris.*	17 Mer.	
2 Mar.		18 Jeud.	*Paris-Louvre.*
3 Mer.		19 Vend.	
4 Jeud.		20 Sam.	*Meaux.*
5 Vend.	*Paris.*	21 Dim.	
6 Sam.	*Paris.*	22 Lun.	
7 Dim.	*Paris.*	23 Mar.	
8 Lun.	*Paris.*	24 Mer.	
9 Mar.		25 Jeud.	*Mareuil-en-Tardenois.*
10 Mer.		26 Vend.	
11 Jeud.	*Paris.*	27 Sam.	
12 Vend.	*Paris.*	28 Dim.	*Champigny, près Reims.*
13 Sam.		29 Lun.	*Reims.*
14 Dim.	*Paris-Louvre.*	30 Mar.	*Reims.*
15 Lun.			
16 Mar.			

1354. — PÂQUES, 13 avril.

OCTOBRE.

1	Mer.	*Reims.*
2	Jeud.	*Reims.*
3	Vend.	
4	Sam.	
5	Dim.	*Reims.*
6	Lun.	
7	Mar.	
8	Mer.	
9	Jeud.	*Abbaye de Saint-Pierre-de-Châlons.*
10	Vend.	*Châlons-sur-Marne.*
11	Sam.	
12	Dim.	
13	Lun.	*Vertus.*
14	Mar.	*Sézanne.*
15	Mer.	
16	Jeud.	*Paris* (G).
17	Vend.	
18	Sam.	*Jocoi?*
19	Dim.	
20	Lun.	*Vincennes.*
21	Mar.	
22	Mer.	
23	Jeud.	*Saint-Germain-des-Prés.*
24	Vend.	*Paris.*
25	Sam.	*Paris.*
26	Dim.	
27	Lun.	*Paris.*
28	Mar.	
29	Mer.	*Paris.*
30	Jeud.	*Paris?*
31	Vend.	*Paris* (Or.) [par le Roi].

NOVEMBRE.

1	Sam.	*Paris.*
2	Dim.	*Paris.*
3	Lun.	
4	Mar.	*Paris.*
5	Mer.	*Paris.*
6	Jeud.	*Paris.*
7	Vend.	*Paris.*
8	Sam.	*Paris.*
9	Dim.	
10	Lun.	*Paris.*
11	Mar.	
12	Mer.	
13	Jeud.	
14	Vend.	*Paris?*
15	Sam.	*Paris?*
16	Dim.	
17	Lun.	*Rouen.*
18	Mar.	
19	Mer.	*Bourachart.*
20	Jeud.	
21	Vend.	
22	Sam.	*Saint-Philbert-sur-Rille.*
23	Dim.	*Saint-Philbert-sur-Rille, Abbaye de Cormeilles.*
24	Lun.	*Paris.*
25	Mar.	
26	Mcr.	
27	Jeud.	
28	Vend.	
29	Sam.	
30	Dim.	*Caen.*

Lisieux. — Rouen.

DÉCEMBRE.

1	Lun.	*Saint-Étienne-de-Caen.*	17	Mer.	*Bernay.*
2	Mar.		18	Jeud.	
3	Mer.	*Saint-Étienne-de-Caen.*	19	Vend.	
4	Jeud.	*Saint-Étienne-de-Caen.*	20	Sam.	
5	Vend.	*Caen.*	21	Dim.	
6	Sam.		22	Lun.	*Chalvene.*
7	Dim.	*Saint-Étienne-de-Caen.*	23	Mar.	
8	Lun.		24	Mer.	*Paris.*
9	Mar.	*Caen.*	25	Jeud.	
10	Mer.	*Caen.*	26	Vend.	
11	Jeud.		27	Sam.	*Paris.*
12	Vend.	*Argences.*	28	Dim.	*Paris.*
13	Sam.		29	Lun.	*Paris.*
14	Dim.	*Lisieux.*	30	Mar.	
15	Lun.		31	Mer.	*Paris.*
16	Mar.				

1355. — PÂQUES, 5 avril.

	JANVIER.			FÉVRIER.
1	Jeud.		1	Dim.	
2	Vend.	*Paris.*	2	Lun.	*Paris.*
3	Sam.	*Paris.*	3	Mar.	
4	Dim.	*Paris.*	4	Mer.	
5	Lun.	*Paris.*	5	Jeud.	
6	Mar.		6	Vend.	*Paris.*
7	Mer.	*Paris.*	7	Sam.	
8	Jeud.	*Paris.* [Conseil du Roi.]	8	Dim.	*Paris.*
9	Vend.	*Paris.*	9	Lun.	*Paris.*
10	Sam.	*Paris.*	10	Mar.	*Paris.*
11	Dim.	*Paris.*	11	Mer.	*Paris.*
12	Lun.	*Paris.*	12	Jeud.	*Vincennes, Paris.*
13	Mar.	*Paris.*	13	Vend.	*Paris.*
14	Mer.	*Paris.* [Par le Roi.]	14	Sam.	
15	Jeud.	*Paris.*	15	Dim.	*Paris.*
16	Vend.		16	Lun.	
17	Sam.	*Paris.*	17	Mar.	*Paris, Temple-lez-Paris.*
18	Dim.		18	Mer.	
19	Lun.	*Paris.*	19	Jeud.	*Paris.*
20	Mar.		20	Vend.	*Paris, Temple, près Paris.*
21	Mer.	*Paris.*	21	Sam.	*Paris, Temple, près Paris.*
22	Jeud.	*Paris.*	22	Dim.	*Paris, Temple-lès-Paris.*
23	Vend.		23	Lun.	
24	Sam.	*Paris.*	24	Mar.	
25	Dim.	*Paris.*	25	Mer.	*Temple, près Paris.*
26	Lun.	*Paris.*	26	Jeud.	*Paris.*
27	Mar.		27	Vend.	*Temple, près Paris.*
28	Mer.		28	Sam.	*Temple, près Paris.*
29	Jeud.				
30	Vend.	*Paris.*			
31	Sam.	*Paris.*			

MARS.

1	Dim.	*Paris, Temple-lès-Paris.*	18	Mer.	
2	Lun.	*Temple, près Paris.*	19	Jeud.	*Amiens.*
3	Mar.	*Temple, près Paris.*	20	Vend.	*Amiens.*
4	Mer.	*Temple, près Paris.*	21	Sam.	
5	Jeud.	*Saint-Denis.*	22	Dim.	
6	Vend.	*Saint-Denis, Louvre en Parisis.*	23	Lun.	
7	Sam.		24	Mar.	*Beauquesne.*
8	Dim.		25	Mer.	*Hesdin.*
9	Lun.	*Moncel, près Saint-Maxance.*	26	Jeud.	
10	Mar.	*Nanteuil en Beauvoisis.*	27	Vend.	
11	Mer.	*Moncel, près Saint-Maxance.*	28	Sam.	*Montreuil-sur-Mer.* [Joyeux avènement.]
12	Jeud.	*Saint-Just en Beauvoisis, Breteuil.*	29	Dim.	
13	Vend.	*Breteuil en Beauvoisis.*	30	Lun.	*Montreuil-sur-Mer.*
14	Sam.		31	Mar.	*Boulogne-sur-Mer.* [Joyeux avènement.]
15	Dim.				
16	Lun.				
17	Mar.	*Amiens.*			

Joyeux avènement à Amiens, T. 83, n° 7.

1355. — PÂQUES, 5 avril.

AVRIL.		MAI.	
1 Mer.	Boulogne-sur-Mer.	1 Vend.	Lens.
2 Jeud.		2 Sam.	
3 Vend.	Hesdin.	3 Dim.	
4 Sam.		4 Lun.	Douai.
5 Dim.		5 Mar.	
6 Lun.	Hesdin.	6 Mer.	
7 Mar.		7 Jeud.	Arras. [Joyeux avènement.]
8 Mer.		8 Vend.	Belle-Motte-les-Arras.
9 Jeud.	Pont-de-l'Arche.	9 Sam.	
10 Vend.		10 Dim.	
11 Sam.	Au Pont-de-l'Arche.	11 Lun.	Roye en Vermandois.
12 Dim.	Pont-de-l'Arche.	12 Mar.	Ressons-sur-le-Matz.
13 Lun.		13 Mer.	Compiègne. [Joyeux avènement.]
14 Mar.	Lille (T). [Joyeux avènement.]	14 Jeud.	Compiègne, Moncel, près Saint-Maxence.
15 Mer.	Au Pont-de-l'Arche.		
16 Jeud.	Pont-de-l'Arche.	15 Vend.	Louvre en Parisis.
17 Vend.		16 Sam.	
18 Sam.		17 Dim.	Saint-Denis.
19 Dim.		18 Lun.	
20 Lun.		19 Mar.	Paris.
21 Mar.		20 Mer.	
22 Mer.		21 Jeud.	Paris.
23 Jeud.		22 Vend.	Paris.
24 Vend.		23 Sam.	Paris.
25 Sam.		24 Dim.	Paris.
26 Dim.		25 Lun.	
27 Lun.		26 Mar.	
28 Mar.	Tournai.	27 Mer.	Saint-Denis, Saint-Ouen.
29 Mer.		28 Jeud.	
30 Jeud.		29 Vend.	Clichy, près Saint-Ouen.
		30 Sam.	
		31 Dim.	

Tournai (*Joyeux avènement*). — Béthune (*Joyeux avènement*).

Lyons-en-Santerre. — Beaumont-en-Arras (O).

JUIN.			
1 Lun.		17 Mer.	
2 Mar.	Paris, Saint-Ouen.	18 Jeud.	Saint-Ouen.
3 Mer.	Saint-Ouen.	19 Vend.	Saint-Ouen.
4 Jeud.		20 Sam.	Saint-Ouen.
5 Vend.		21 Dim.	
6 Sam.	Paris.	22 Lun.	
7 Dim.	Paris.	23 Mar.	Paris.
8 Lun.		24 Mer.	Paris.
9 Mar.		25 Jeud.	
10 Mer.		26 Vend.	
11 Jeud.		27 Sam.	Paris.
12 Vend.		28 Dim.	
13 Sam.		29 Lun.	
14 Dim.	Saint-Ouen.	30 Mer.	Paris.
15 Lun.			
16 Mar.			

1355. — PÂQUES, 5 avril.

JUILLET.		AOÛT.	
1 Mer.	*Paris.*	1 Sam.	
2 Jeud.	*Paris.*	2 Dim.	*Saint-Denis.*
3 Vend.	*Saint-Denis, Saint-Ouen.*	3 Lun.	
4 Sam.		4 Mar.	
5 Dim.		5 Mer.	*Saint-Ouen.*
6 Lun.		6 Jeud.	*Paris.*
7 Mar.		7 Vend.	*Saint-Ouen.*
8 Mer.		8 Sam.	*Saint-Ouen.*
9 Jeud.		9 Dim.	
10 Vend.	*Paris.*	10 Lun.	
11 Sam.	*Paris.*	11 Mar.	
12 Dim.	*Paris.*	12 Mer.	
13 Lun.	*Paris.*	13 Jeud.	
14 Mar.		14 Vend.	*Paris.*
15 Mer.		15 Sam.	
16 Jeud.		16 Dim.	
17 Vend.		17 Lun.	*Saint-Ouen.*
18 Sam.		18 Mar.	*Saint-Marcel-lès-Paris.*
19 Dim.		19 Mer.	*Paris.*
20 Lun.	*Saint-Ouen.*	20 Jeud.	*Saint-Ouen.*
21 Mar.		21 Vend.	*Paris.*
22 Mer.	*Saint-Ouen.* (In domo nobili.)	22 Sam.	
23 Jeud.	*Paris.*	23 Dim.	
24 Vend.		24 Lun.	*Paris-Louvre.*
25 Sam.		25 Mar.	
26 Dim.		26 Mer.	*Paris.*
27 Lun.		27 Jeud.	*Paris-Louvre.*
28 Mar.	*Paris.*	28 Vend.	
29 Mer.		29 Sam.	*Paris.*
30 Jeud.	*Paris.*	30 Dim.	*Paris.*
31 Vend.		31 Lun.	

Paris-Louvre (T).

SEPTEMBRE.			
1 Mar.		17 Jeud.	
2 Mer.		18 Vend.	
3 Jeud.		19 Sam.	
4 Vend.		20 Dim.	
5 Sam.		21 Lun.	*Louvre, près Paris.*
6 Dim.	*Saint-Ouen.*	22 Mar.	*Louvre-les-Paris.*
7 Lun.		23 Mer.	
8 Mar.		24 Jeud.	*Paris.*
9 Mer.		25 Vend.	*Louvre, près Paris.*
10 Jeud.	*Vaux-la-Comtesse.*	26 Sam.	
11 Vend.		27 Dim.	
12 Sam.	*Vaux-la-Comtesse.*	28 Lun.	
13 Dim.		29 Mar.	
14 Lun.	*Vaux-la-Comtesse.*	30 Mer.	
15 Mar.			
16 Mer.		Gonesse (*joyeux avènement*).	

1355. — PÂQUES, 5 avril.

OCTOBRE.		NOVEMBRE.	
1 Jeud.		1 Dim.	
2 Vend.		2 Lun.	*Montdidier.*
3 Sam.	*Louvre, près Paris.*	3 Mar.	
4 Dim.	*Louvre, près Paris.*	4 Mer.	*Amiens.*
5 Lun.	*Louvre-lès-Paris.*	5 Jeud.	*Amiens.*
6 Mar.		6 Vend.	
7 Mer.		7 Sam.	*Amiens.*
8 Jeud.	*Paris.*	8 Dim.	
9 Vend.		9 Lun.	*Lucheux.*
10 Sam.		10 Mar.	
11 Dim.	*Saint-Denis.*	11 Mer.	
12 Lun.		12 Jeud.	
13 Mar.		13 Vend.	
14 Mer.		14 Sam.	
15 Jeud.		15 Dim.	
16 Vend.	*Saint-Ouen.*	16 Lun.	*Saint-Omer.*
17 Sam.		17 Mar.	
18 Dim.	*Paris.*	18 Mer.	
19 Lun.	*Saint-Christophe-en-Hallate.*	19 Jeud.	
20 Mar.		20 Vend.	
21 Mer.	*Moncel, près Maxence.*	21 Sam.	
22 Jeud.	*Moncel, près Maxence.*	22 Dim.	
23 Vend.		23 Lun.	
24 Sam.	*Breteuil en Beauvoisis.*	24 Mar.	
25 Dim.		25 Mer.	
26 Lun.		26 Jeud.	
27 Mar.		27 Vend.	
28 Mer.	*Abbaye Saint-Fuscien d'Amiens.*	28 Sam.	
29 Jeud.		29 Dim.	*Saint-Denis.*
30 Vend.		30 Lun.	
31 Sam.			

Merville près Saint-Denis. — Moncel, près Saint-Maxence.

Coissy près Amiens. — Aire.

DÉCEMBRE.

1 Mar.		17 Jeud.	
2 Mer.		18 Vend.	
3 Jeud.		19 Sam.	
4 Vend.	*Paris.*	20 Dim.	*Paris.*
5 Sam.	*Paris.*	21 Lun.	*Paris.*
6 Dim.	*Paris.*	22 Mar.	*Paris.*
7 Lun.		23 Mer.	*Paris.*
8 Mar.		24 Jeud.	
9 Mer.	*Paris.*	25 Vend.	
10 Jeud.	*Paris.*	26 Sam.	
11 Vend.		27 Dim.	
12 Sam.		28 Lun.	*Paris.*
13 Dim.	*Paris.*	29 Mar.	
14 Lun.	*Paris.*	30 Mer.	*Paris.*
15 Mar.		31 Jeud.	*Paris.*
16 Mer.	*Paris.*		

1356. — PÂQUES, 24 avril.

JANVIER.		FÉVRIER.	
1 Vend.		1 Lun.	
2 Sam.		2 Mar.	
3 Dim.		3 Mer.	*Louvre, près Paris.*
4 Lun.	*Paris.*	4 Jeud.	
5 Mar.		5 Vend.	
6 Mer.	*Louvre, près Paris.*	6 Sam.	*Louvre, près Paris.*
7 Jeud.	*Louvre-lès-Paris.*	7 Dim.	
8 Vend.		8 Lun.	
9 Sam.		9 Mar.	
10 Dim.	*Chanteloup.*	10 Mer.	*Montléry.*
11 Lun.		11 Jeud.	
12 Mar.		12 Vend.	*Paris.*
13 Mer.	*Paris.*	13 Sam.	
14 Jeud.		14 Dim.	
15 Vend.		15 Lun.	*Paris.*
16 Sam.	*Paris.*	16 Mar.	*Paris.*
17 Dim.		17 Mer.	
18 Lun.	*Louvre, emprès Paris.*	18 Jeud.	
19 Mar.		19 Vend.	
20 Mer.		20 Sam.	
21 Jeud.		21 Dim.	
22 Vend.		22 Lun.	
23 Sam.	*Louvre, près Paris.*	23 Mar.	*Paris.*
24 Dim.		24 Mer.	
25 Lun.	*Louvre-les-Paris.*	25 Jeud.	
26 Mar.	*Conflans.*	26 Vend.	*Louvre, près Paris.*
27 Mer.		27 Sam.	*Paris.*
28 Jeud.	*Paris.*	28 Dim.	
29 Vend.		29 Lun.	*Vincennes.*
30 Sam.			
31 Dim.	*Paris.*		

Viucennes.

Chanteloup (T).

MARS.

1 Mar.		17 Jeud.	*Saint-Ouen.*
2 Mer.		18 Vend.	
3 Jeud.		19 Sam.	
4 Vend.		20 Dim.	
5 Sam.	*Paris.*	21 Lun.	
6 Dim.		22 Mar.	
7 Lun.		23 Mer.	*Paris.*
8 Mar.		24 Jeud.	
9 Mer.		25 Vend.	*Saint-Ouen.*
10 Jeud.		26 Sam.	
11 Vend.		27 Dim.	
12 Sam.	*Paris.*	28 Lun.	
13 Dim.		29 Mar.	
14 Lun.	*Paris.*	30 Mer.	*Beauvais.*
15 Mar.		31 Jeud.	
16 Mer.	*Paris.*		

1356. — PÂQUES, 24 avril.

AVRIL.		MAI.	
1 Vend.		1 Dim.	*Paris.*
2 Sam.		2 Lun.	
3 Dim.		3 Mar.	
4 Lun.		4 Mer.	*Paris.*
5 Mar.		5 Jeud.	*Paris.*
6 Mer.		6 Vend.	
7 Jeud.		7 Sam.	
8 Vend.		8 Dim.	
9 Sam.		9 Lun.	*Paris.*
10 Dim.		10 Mar.	*Paris.*
11 Lun.		11 Mer.	
12 Mar.		12 Jeud.	*Paris.*
13 Mer.		13 Vend.	*Paris.*
14 Jeud.		14 Sam.	*Paris.*
15 Vend.		15 Dim.	
16 Sam.		16 Lun.	
17 Dim.		17 Mar.	*Paris.*
18 Lun.	*Chateaugaillard.*	18 Mer.	
19 Mar.		19 Jeud.	*Paris.*
20 Mer.		20 Vend.	
21 Jeud.		21 Sam.	
22 Vend.	*Paris.*	22 Dim.	
23 Sam.		23 Lun.	
24 Dim.		24 Mar.	*Cachant-lès-Paris.*
25 Lun.	*Paris.*	25 Mer.	
26 Mar.	*Paris.*	26 Jeud.	*Paris.*
27 Mer.		27 Vend.	Canticampum, *Cachant.*
28 Jeud.		28 Sam.	
29 Vend.	*Paris.*	29 Dim.	Canticampum.
30 Sam.	*Paris.*	30 Lun.	*Cachant.*
		31 Mar.	

Vernon. — Gournay. — Pont-de-l'Arche.

Apud Beu. — Paci.

JUIN.

1 Mer.		17 Vend.	*Maison forte, près Chartres.*
2 Jeud.	*Cachant, près Paris.*	18 Sam.	
3 Vend.	Antogniacum.	19 Dim.	
4 Sam.		20 Lun.	
5 Dim.	*Saint-Cler-de-Gometz, Chaumuçon.*	21 Mar.	
6 Lun.		22 Mer.	*Dreux.*
7 Mar.	*Saint-Arnoul-en-Yvelines.*	23 Jeud.	
8 Mer.		24 Vend.	
9 Jeud.		25 Sam.	
10 Vend.	*Paris.*	26 Dim.	
11 Sam.		27 Lun.	
12 Dim.		28 Mar.	
13 Lun.		29 Mer.	*Chartres.*
14 Mar.		30 Jeud.	
15 Mer.			
16 Jeud.			

Mantes. — Janssigny.

1356. — PÂQUES, 24 avril.

JUILLET.		AOÛT.	
1 Vend.		1 Lun.	
2 Sam.		2 Mar.	
3 Dim.		3 Mer.	En l'ost devant Breteuil.
4 Lun.		4 Jeud.	Breteuil en Normandie (T).
5 Mar.		5 Vend.	
6 Mer.		6 Sam.	
7 Jeud.		7 Dim.	In exercitu nostro apud Britolium.
8 Vend.	Tubœuf, près Laigle.	8 Lun.	
9 Sam.		9 Mar.	
10 Dim.		10 Mer.	
11 Lun.		11 Jeud.	
12 Mar.		12 Vend.	Aux tentes à Breteuil.
13 Mer.		13 Sam.	
14 Jeud.		14 Dim.	
15 Vend.		15 Lun.	
16 Sam.		16 Mar.	
17 Dim.		17 Mer.	
18 Lun.	Paris? [Conseil.]	18 Jeud.	
19 Mar.		19 Vend.	Tremblay-le-Vicomte.
20 Mer.		20 Sam.	
21 Jeud.		21 Dim.	En l'ost devant Breteuil.
22 Vend.		22 Lun.	
23 Sam.		23 Mar.	
24 Dim.		24 Mer.	
25 Lun.		25 Jeud.	
26 Mar.	Devant Breteuil en l'ost.	26 Vend.	
27 Mer.		27 Sam.	
28 Jeud.	Breteuil.	28 Dim.	Chartres.
29 Vend.		29 Lun.	
30 Sam.	In exercitu nostro prope Britodium.	30 Mar.	Chartres.
31 Dim.		31 Mer.	

Vernon. — Évreux. — Tillières. — Mantes. (*Séjours certains.*)

SEPTEMBRE.

1 Jeud.		17 Sam.	
2 Vend.	Chartres.	18 Dim.	Aux champs devant Poitiers (T),
3 Sam.		19 Lun.	Poitiers. [Bataille.] [Le Roi pri-
4 Dim.		20 Mar.	sonnier.]
5 Lun.		21 Mer.	
6 Mar.		22 Jeud.	
7 Mer.		23 Vend.	
8 Jeud.	Meung-sur-Loire.	24 Sam.	
9 Vend.	Meung.	25 Dim.	
10 Sam.		26 Lun.	
11 Dim.		27 Mar.	
12 Lun.		28 Mer.	
13 Mar.	Château de Loches.	29 Jeud.	
14 Mer.	La Haye sur la Creuse.	30 Vend.	
15 Jeud.	Chauvigny.		
16 Vend.			

84

www.ingramcontent.com/pod-product-compliance
Lightning Source LLC
LaVergne TN
LVHW050326030726

842520LV00005B/1799